GEBETE DER LIEBE JESU CHRISTI UND SEINER JÜNGER

Über diese Buch

Die Gotteserlebnisse, die ich in den Jahren 2002 bis 2004 hatte, ordneten mein Leben neu. Alles, was ich wirklich noch wollen konnte, war die Liebe Gottes und die Erfüllung ihres Willens.
Ich begann zu beten und mich Gott zuzuwenden. Im Jahre 2007 auf einer Pilgerreise von Wien nach Rom war das >Gebet der Liebe< das erste einer ganzen Reihe von Gebeten, die mich Gott aufschreiben ließ. In diesem Buch sind alle diese Gebet wiedergegeben. Sie kommen aus der Liebe unseres Vaters und der Nachfolge Jesu Christi und legen Zeugnis ab von dem unendlichen Wunsch Gottes, dass seine Kinder Erlösung finden, dass wir in Gott wohnen und unsere Brüder lieben.

Alexander Boesch, geb. am 8.6.1965 in Wien, lebt im Kloster in der Feldmühle in Niederösterreich.

ALEXANDER BOESCH

GEBETE DER LIEBE JESU CHRISTI UND SEINER JÜNGER

Boesch, Alexander:

Gebete der Liebe Jesu Christi und seiner Jünger

© 2025 Alexander Boesch

Verlag: BoD · Books on Demand GmbH, Überseering 33,

22297 Hamburg, bod@bod.de

Druck: Libri Plureos GmbH, Friedensallee 273, 22763 Hamburg

Bibliografische Information der Deutschen Nationalbibliothek:

Die Deutsche Nationalbibliothek verzeichnet diese Publikation in der

Deutschen Nationalbibliografie; detaillierte bibliografische Daten sind im

Internet über dnb.dnb.de abrufbar.

Die automatisierte Analyse des Werkes, um daraus Informationen

insbesondere über Muster, Trends und Korrelationen gemäß §44b UrhG

(„Text und Data Mining") zu gewinnen, ist untersagt.

ISBN: 978-3-8192-6434-4

INHALTSVERZEICHNIS

ERINNERTEN GEBETE

GEBET EINES PILGERS

Ich

gehe

bis

Gott

in

mir

ist

bis

ich

in

Gott

bin

und

Gott

spricht

in

mir

zu

den

Menschen

von

der

Liebe
Gottes
Amen

Ich
gehe
weil
ich
Gott
liebe
und
die
Menschen
und
Erlösung
suche
von
dem
Leiden
der
Welt
von
dem
des
Getrenntseins

von

Gott

vom

Menschen

und

von

der

Liebe

Ich

gehe

weil

ich

die

Liebe

suche

die

hinweg nimmt

die

Einsamkeit

und

die

Lieblosigkeit

und

das

Leiden

das

daraus

resultiert

die

Armut

die

Einsamkeit

die

Lieblosigkeit

und

das

ohne

Freude

sein

ohne

Freude

des

Gottes

der

alle

liebt

und

alles

umarmt

und

in

uns

allen

ist

von

Anbeginn

Amen

Ich

gehe

weil

ich

die

Menschen

liebe

und

warte

auf

Gott

auf

dass

er

komme

und

spreche

zu

dir

und

dir

zeige

seine

Liebe

durch

meinen

Mund

den

ich

Gott

geschenkt

habe

aus

Liebe

zu

den

Menschen

und

zu

mir

und

zu

dir

und

zu

Gott

und

zu

allem

Lebendigen

Ich

gehe

weil

ich

dich

liebe

Ich

gehe

weil

ich

Gott

liebe

Ich

gehe

weil

Gott

meine

Freude

ist

meine

Wahrheit

und

das

Licht

du

das

Leben

Amen

Ich

gehe

weil

du

mein

Bruder

bist

in

Ewigkeit

Amen

GEBET DER LIEBE

Halte fest an der Liebe
Wie
Wie nur
Halte
fest
an
dem
Wort
Gottes

Es
ist
das
Wort
der
Liebe

Es
ruft
dich
immerdar
es ruft dich aus allen Landen

es ruft dich von aller Orts
es ruft dich von jeder Stelle deiner Seele
es ruft dich immerdar
es ist die Stimme der Liebe
es ist die Stimme Gottes
in dir
geschenkt
offenbart durch den eingeborenen Sohn
Amen

Geh
in
Frieden

Streitet nicht

Ihr
streitet
in
meinem
Leib

Liebt
einander
Liebt

euren
Gott

Liebt
Euch
selbst
Amen

Liebt
einander

Haltet
fest
an
der
Liebe

Liebt einander

Und
wenn du deinen Bruder
nicht
liebst
so
lege

ihm
die
Hand
auf
die
Wange
und
sprich
ich
will
dir
wohl
ich
liebe
dich

Du
bist
mein/e
Bruder/Schwester

Ich
habe
dich
geliebt

in
jedem
Augenblick

Du
bist
die
Freude
meines
Herzens
Amen

Du
hast
mich
geliebt
in
jedem
Augenblick
und
ich
danke
dir
dafür
Du

bist
Gott

Du
bist
mein
Vater

Du
bist
mein
Leib

Ich
bin
du

Du
hast
mich
errettet
aus
der
Finsternis
denn

auf
dich
durfte
ich
meine
Hand
legen

Und
ich
sprach

Du
bist
mein
Bruder/
meine
Schwester

Ich
halte
fest
an
der
Liebe

so
wie
ich
festhalte
an
der
Wange
meiner
Mutter
im
Himmel

Du
bist
das
Leben

Ich
bin
das
Leben

Wir
sind
das

Leben

Wir
sind
die
unendliche
Liebe
Gottes

Habt
Geduld

Nehmt
Euch
an
der
Hand
und
wartet
auf
Gott

Haltet
fest
an

der
Liebe

Wartet
ich
werde
zu
euch
kommen
immerdar
Amen

Du
bist
mein
Gott

Du
bist
mein
Vater
Amen

Ich
will

dass

du

mich

liebst

in

jedem

Augenblick

Amen

Halte

fest

an

der

Liebe

Ich

bin

dein

Gott

Ich

bin

ein

Gott

der

Liebe

Und
wenn
du
nicht
festhältst
an
mir
halte
fest
an
deinem
Bruder
denn
auch
wenn
du
nicht
an
mich
glaubst
halte
fest
an

der
Liebe
halte
fest
an
der
Liebe
halte
fest
an
der
Liebe
die
Liebe
wird
kommen
so
wie
das
Leben
im
Licht
Amen

Geh

in

Frieden

mein

Sohn

Geh

in

Frieden

meine

Tochter

Ich

bin

immer

bei

dir

so

wie

das

Leben

immer

bei

dir

ist

im

Himmel
und
auf
Erden
Amen

Geh
in
Frieden
mein
Sohn/
meine
Tochter
ich
habe
dich
geliebt
in
jedem
Augenblick

Amen

Ich

habe
deine
Wange
berührt
o
himmlische
Mutter
und
hielt
fest
an
der
Liebe
im
Herzen
das
Bild
o
himmlische
Mutter
und
wie
dir
legte
ich

meinem
Bruder/
meiner
Schwester
meine
Hand
auf
die
Wange
und
sprach

Du
bist
mein
Bruder

Du
bist
meine
Mutter

Du
bist
mein

Gott

Und
ich
hielt
fest
an
der
Liebe

Hallelujah
ich
bin
errettet
ich
liebte
meinen
Bruder

Ich
liebte
meine
Schwester

Hallelujah

ich

bin

errettet

ich

liebte

meinen

Gott

ich

liebte

meinen

Vater

ich

liebte

meine

Mutter

im

Himmel

und

auf

Erden

Hallelujah

ich

bin

errettet

ich

liebte

mich

selbst

Hallelujah

ich

bin

errettet

ich

hielt

fest

an

der

Liebe

ich

bin

in

Gott

geblieben

ich

hielt

fest

an

der

Liebe

und

in

meinem

Geist

hielt

ich

deine

Hand

und

im

Geist

hielt

ich

deine

Wange

und

war

geschützt

vor

Verzweiflung

und

vor

Einsamkeit

Ich

wartete
und
du
kamst
zu
mir
denn
immer
kommt
zurück
die
Liebe
Amen

Denn
nie
ist
die
Liebe
von
mir
gewichen
so
wie
das

Leben
nicht
von
mir
gewichen
ist
Amen

Ich
hielt
fest
an
der
Liebe

Hallelujah
ich
bin
errettet

Du
hast
mir
das
Leben

geschenkt

und

ich

habe

dich

erkannt

o

mein

gütiger

Gott

Du

bist

die

Freude

Du

bist

die

Liebe

Du

bist

die

Wahrheit

Du
bist
das
ewige
Leben
Amen

Du
bist
das
Licht

Und
in
dir
sind
wir
eins
im
Namen
des
Vaters
und
des
Sohnes

und

des

Heiligen

Geistes

und

im

Namen

meiner

Mutter

im

Himmel

in

Ewigkeit

Amen

DAS GEBET AN ABRAHAMS GRAB

Von welchem Ort du dein Gebet auch beginnst,
es wird immer bei mir ankommen.
Fürchte dich nicht!
Wenn dein Herz verschlossen ist,
beginne trotzdem zu beten.
Beginne dort zu beten, wo dein Herz ist.
Sage, was ist.
Ist dein Herz traurig,
so bete es.
So sage es:
Ich bin traurig.
Ich wünsche mir Trost.
Ist dir kalt,
so bete es
und sage:
Mir ist kalt.
Ich wünsche mir, dass mir warm ist.
Und wenn du dich leer fühlst
oder wenn du wütend bist
oder voller Lust oder einsam
oder tot oder lebendig,
so bete es,

und sage:
Ich bin einsam,
ich wünsche mir eine Freundin,
ich wünsche mir einen Freund,
ich wünsche mir deine Liebe.
Und wenn du tot bist,
so bete es,
und sage:
Ich fühle mich tot und ich fühle mich leer,
ich wünsche mir schöne Gefühle,
ich wünsche mir deine Liebe,
ich wünsche mir das ewige Leben.
Und wenn du wütend bist,
so bete es,
und sage:
Ich bin wütend,
mein Herz ist verschlossen,
ich wünsche mir Frieden,
ich wünsche mir schöne Gefühle,
ich wünsche mir deine Liebe.
Und wenn du ohne Liebe bist,
so bete es,
und sage:
Mein Herz ist ohne Liebe,
mein Herz ist ohne Gott,

mein Herz ist leer.

Ich bin dein Sohn.

Glaubst du, ich erkenne nicht

alle meine Kinder,

glaubst du, ich erkenne dich nicht,

ist meine Liebe nicht größer

als alles Leiden der Welt,

glaubst du, ich kenne dich nicht?

Ich liebe dich in jedem Augenblick.

Ich liebe dich von Anbeginn.

Ich liebe dich von jedem Ort aus

deines Herzens.

Aber weißt du das?

Du musst es erkennen!

Sonst kann meine Liebe nicht zu dir.

Deshalb sollst du so beten,

wie ich es dich gelehrt habe.

Bete es!

Du bist mein Sohn in jedem Augenblick,

und immerdar.

Ich liebe dich.

Du bist meine Freude,

Du bist meine Tochter in jedem Augenblick.

Du machst dir Sorgen,

ich könnte meine Töchter weniger lieben

als meine Söhne?
Du machst dir Sorgen,
ich könnte dich mehr lieben
als alle meine anderen Kinder?
So bete es.
Amen

GEBET EINES KROKODILS

(aus einem Puppenspiel)

O Gott in der Höh!
O schönster Gott!
Wie sehr ich dich liebe!
Komm,
komm zu mir!
Schenke mir deine Liebe!
Schönster Du,
Alles Kennender.
Ich bin Du.
Ich bin Du.
Amen

O schönster Gott!
Umarme mich,
Umarme mich.
Ich bin Dein Sohn.
Ich bin Du.
Ich bin Du.
Ich will nicht mehr weilen im engen Kreis
meines irdischen Daseins.
Ich will wie Du die Welt lieben
und für sie da sein.

Ich will für meine Kinder sorgen
wie für einen Leib,
wie für den Leib Gottes,
wie für dich,
wie für dich,
o geliebter Vater!
Amen

O schönster Gott!
Ich will gehen und für dich sorgen.
Ich will dich lieben und hegen.
Ich will zu deinen Kindern gehen
und sie lieben,
und ihnen künden von deiner Liebe.
Amen

Du bist mein Vater.
Ich bin dir würdig.
Amen

Du bist mein Vater.
Ich bin dir lieb.
Ich bin Deine Tochter.
Amen

Ich liebe Dich.
Ich liebe Dich.
O geliebter Vater!
Ich liebe Dich,
o geliebter Du!
Amen

O schönster Vater, nimm mich
auf in dein Herz!
Lass mich eingehen in deinen Geist.
Erfülle mich!
Nichts soll uns trennen.
Kein Unterschied soll mehr sein
zwischen mir und dir.
Erlöse mich!
Mein geliebter Vater,
schenke mir Deine Liebe!
Ich bin Du.
Ich bin Du.
Ich bin Du.
Amen

BERGPREDIGT IM HIMALAYA

Kommt zu mir,
die Ihr müde
und beladen seid,
ich will Euch trösten.
Kommt zu mir,
die ihr traurig seid.
Ich will Euch erquicken
mit der Liebe des Herrn.
Amen

Kommt zu mir,
die ihr Freunde seid des Herrn.
Ich will mit Euch teilen
das Haus meines Vaters.
Amen

Kommt zu mir,
die ihr bei mir seid.
Ich will Euch lieben immerdar.
Amen

Kommt zu mir,

die ihr einsam seid.
Ich will Euch spielen
von der Liebe meines Vaters.
Amen

Kommt zu mir,
die ihr Euch freut an der Liebe meines
Vaters.
Ich will Euch leiten immerdar
in das Königreich auf Erden.
Amen

Ich bin Euer Vater.
Ich bin Euer Bruder.
Ich
bin
du.
Amen

SOMMERGEBETE

DAS ABENDMAHL

ICH BIN DIE LIEBE
ICH BIN GEKOMMEN, WEIL IHR MICH
GERUFEN HABT

ALLES IST LIEBE
KOMMT ZU MIR
DIE IHR MÜDE UND BELADEN SEID
ICH WILL EUCH TRÖSTEN
AMEN

IHR SEID MEINE KINDER
IHR SEID MEINE FREUDE
KEINE WUNDE IST TIEFER
ALS MEINE LIEBE
AMEN

DU BIST DIE LIEBE
KOMM ZU MIR
(Die Menschen nehmen sich an der Hand.)
DER DU MÜDE UND BELADEN BIST
ICH WILL DICH TRÖSTEN
ALLE LIEBE KOMMT VON GOTT

ICH WILL DICH ERLÖSEN
VON DEM GETRENNTSEIN VON GOTT

KOMM ZU MIR
ICH WILL
DICH
TRÖSTEN

KOMM ZU MIR
ICH WILL
DICH
ERLÖSEN
VON DEM GETRENNTSEIN
VON GOTT

SEI MEIN BRUDER
ICH BIN GOTT
ICH BIN DU

DAS IST MEIN LEIB
NEHMT UND ESSET DAVON
DAS IST MEIN BLUT
NEHMT UND TRINKET DAVON
ICH BIN DER LEIB DER WELT

ALLES IST LIEBE
ALLES IST LIEBE
ALLES IST LIEBE

ICH BIN IN EUCH
SO WIE IHR IN MIR SEID

ALLES IST LIEBE
ALLES BIST DU
ALLES IST MEIN VATER

HERRLICHER DU
WIE SCHÖN DU BIST
WIE ZÄRTLICH DU BIST
WIE SEHR DU SPRICHST
O HÖRT
HIER IST MEIN VATER
UND ER IST MITTEN UNTER EUCH
AMEN

MEIN VATER IST ÜBERALL
ER IST IN EUCH
UND ER IST IN MIR
ER IST DIE LIEBE
ER IST HIER

ÜBERALL IST LIEBE
ÜBERALL IST GOTT
ÜBERALL BIST DU

GOTT IST EIN LEIB
GOTT IST EIN BLUT
GOTT BIST DU
AMEN

ZEIGE MIR DEINEN SCHMERZ
ZEIGE MIR DAS LEID DER WELT
ICH WILL ES TRAGEN
DENN ICH BIN GOTT
DENN ICH BIN DU
UND KEINE WUNDE IST TIEFER
ALS MEINE LIEBE

ALLES IST EIN HERZ
UND WIR SIND IN GOTT GEBORGEN

DEIN LEID
IST MEIN LEID
EIN
GOTT
EINE

LIEBE

KOMM ZU MIR
DENN ICH HABE EUCH GERUFEN
ALLES IST LIEBE
AMEN

DAS IST MEIN LEIB
DAS IST MEIN BLUT
NEHMT UND ESSET DAVON
NEHMT UND TRINKET DAVON
TUT DIES ZU MEINEM GEDÄCHTNIS

ICH
BIN
JESUS
CHRISTUS
UND
ICH
BIN
MITTEN
UNTER
EUCH
DIE
IHR

MICH
LIEBT
UND
DIE
IHR
EUREN
BRUDER
LIEBT
UND
ZUSAMMEN
SEID
IN
MEINEM
NAMEN
AMEN

ICH
BIN
IHR
ICH
BIN
IHR
ICH
BIN
IHR

Hallelujah

Nehmt Euch bei der Hand und betet:

- Vaterunser (Christusgebet)
- Vaterunser (nach Alexander)
- freies Gebet

DAS VATERUNSER (Jesusgebet)

Unser Vater im Himmel!
Dein Name werde geheiligt.
Dein Reich komme.
Dein Wille geschehe wie im Himmel so auf
Erden.
Unser tägliches Brot gib uns heute.
Und vergib uns unsere Schuld,
wie auch wir vergeben unseren Schuldigern.
Und führe uns nicht in Versuchung,
sondern erlöse uns von dem Bösen.
Denn Dein ist das Reich und die Kraft und die
Herrlichkeit
in Ewigkeit.
Amen

DAS IST MEIN BLUT
NEHMT UND TRINKET
DAVON
ICH BIN DER
LEIB DER WELT

VATER UNSER (nach Alexander)

VATER
UNSER
VATER
DER
DU
BIST
IM
HIMMEL
GEHEILIGT
WERDE
DEIN
NAME

DEIN/EIN/MEIN
REICH
KOMME
DEIN/MEIN/EIN
WILLE
GESCHEHE
IM
HIMMEL
SO

WIE
AUF
ERDEN

ICH
BIN
GOTT
ICH
BIN
DU
ALLES
IST
GOTT
ALLES
BIST
DU
HIER
AUF
ERDEN
UND
IM
HIMMEL
IN
EWIGKEIT
AMEN

GEBET DER SICH LIEBENDEN BRÜDER

DU BIST MEIN BRUDER
DU BIST MEIN FREUND
ALLES IST LIEBE
ALLES BIST DU
AMEN

ALLES IST LIEBE
ALLES DREHT DAS RAD DER WAHRHEIT
ALLES BIST DU

ALLES IST LIEBE
KOMM IN MEINEN KREIS DER LIEBE
KOMM, DU BIST JESUS CHRISTUS
DU BIST ICH
DU BIST GOTT
DU BIST MEIN FREUND
DU BIST MEINE MUTTER
DU BIST MEIN VATER
DU BIST MEIN GOTT
DU BIST MEIN BRUDER
DU BIST HIER
AMEN

ICH BIN GOTT
UND ICH BIN GEKOMMEN
   WEIL IHR GERUFEN HABT
IHR HABT GERUFEN
ERLÖSUNG WERDE DER WELT
O MEIN BRUDER
O MEIN GOTT
ICH BIN DIE LIEBE
ICH BIN DU

KOMM IN MEINEN KREIS DER LIEBE

ALLES IST EIN
ALLES IST GOTT
ALLES BIST DU
ES GIBT KEINEN GOTT
ES GIBT KEINE LIEBE
DIE NICHT DU BIST
ALLES IST HIER
AN ALLEM HAST DU ANTEIL
ÖFFNE DEIN HERZ DER
   UNENDLICHEN LIEBE

ICH BIN HIER
ICH BIN IHR

MEIN REICH KOMME
MEIN REICH GESCHEHE
ICH BIN DU
ICH BIN GOTT
ICH BIN HIER
AMEN

ICH BIN GOTT
UND ICH BIN GEKOMMEN
  WEIL IHR MICH GERUFEN HABT
IHR HABT GERUFEN
ERLÖSUNG WERDE DER WELT
ERLÖSUNG WERDE DIR
O VATER
DEIN HERZ IST EINE WUNDE
DENN DU BIST OHNE DEINE KINDER

O VATER
WIR KENNEN DICH NICHT
JETZT ABER KENNEN WIR DICH
DENN DU HAST GESANDT
ZU UNS DEINEN SOHN
ALEXANDER
SO WIE DU GESANDT HAST
DEINEN SOHN

JESUS

O

CHRISTUS

ERLÖSE UNS

VON DEM BÖSEN

VON DEM GETRENNTSEIN

VON GOTT

AMEN

ICH

BIN

GOTT

ICH

BIN

DU

AMEN

GEHE MIT MIR DEN WEG DER LIEBE

GEHE MIT MIR DEN WEG DER ERLÖSUNG

RUFE AUCH DU

BABBA

VATER

KOMM

ZU

MIR

KOMM

UND

ERLÖSE DIE WELT

KOMM

ZU

MIR

ICH

WILL

GEHEN

UND

ERLÖSEN

DIE

WELT

VON

DEM

LEIDEN

GETRENNT

ZU

SEIN

VON

GOTT

VON

DIR

VON

MEINEM

BRUDER

VON

DER

LIEBE

GOTTES

MEINES

VATERS

VON

DEM

EINEN

BEWUSSTSEIN

VON

GOTT

AMEN

KOMM

ZU

MIR

ICH

WILL

DICH

ERLÖSEN

(Reicht einander die Hände.)

KOMMT

IN

DEN

KREIS

DER

LIEBE

KOMMT

ZU

MIR

ICH BIN/WIR SIND

GEKOMMEN

UNS

UND

ALLE

WELT

ZU

ERLÖSEN

VON

DEM

GETRENNTSEIN

VON

GOTT

GEHT

HINAUS
UND
KÜNDET
VON
DER
LIEBE
GOTTES

ICH
BIN
BEI
EUCH
UND
WERDE
EUCH
LEITEN
AMEN

ICH
WERDE
BEI
EUCH
SEIN
UND
IHR

WERDET
HÖREN
MEINE
STIMME

ICH
BIN
ES
DER
EUCH
SENDET

GEHT
UND
ERLÖST
DIE
WELT
AMEN

ICH
HABE
GESPROCHEN
UND
ICH
WERDE

NICHT

MÜDE

SEIN

EHE

NICHT

MEIN

LETZTER

BRUDER

ERLÖST

IST

VON

DEM

LEIDEN

DER

WELT

ES

GIBT

NUR

EIN

BEWUSSTSEIN

O

KOMM

MEIN

VATER

DEIN

WILLE

GESCHEHE

ICH

BIN

GOTT

ICH

BIN

DU

Amen

DAS GEBET DER ERLÖSUNG

Für meine Mutter im Himmel,
und meine Schwester i.H. und a.E. Regina. Wenn Ihr
dieses Gebet betet, dankt Regina für die Liebe, die sie
mir geschenkt hat im Übermaß und für die Freude.
Amen
Und denkt an meine Mutter i.H. von der dieses Gebet
kommt.

Ich bin die Liebe
Ich bin DU
Amen

Ich will dich lieben
        wie einen Bruder.
Ich will dich ehren und hüten
    und beschützen vor allen Feinden,
        die noch in deinem Herzen toben,
vor Unwetter und vor Kälte,
vor Einsamkeit und vor Lieblosigkeit.

Ich will bei dir sein immerdar.
Und wenn ich fort bin, so rufe mich,

ich will zu dir kommen
in jeder Not.

ICH
BIN
DEIN
BRUDER

Ich will dich lieben
          wie einen Vater.
Ich will dich ehren
   und sprechen: DU BIST GOTT.
                              AMEN

Du bist das heilige Leben.
Du bist mein Vater.
Du bist überall.
Dein Bewusstsein ist mein Bewusstsein.

ICH
BIN
DU
AMEN

ICH

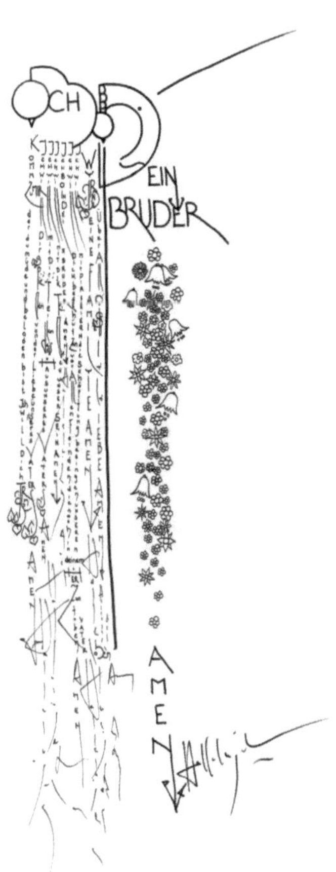
CH
EIN
BRUDER
AMEN

BIN
HIER
AMEN

Du bist mein Gott,
   und ich will dich ehren
     und lieben immerdar.
Ich will bei Dir/DIR sein,
   o herrlicher Gott,
   o herrlicher Bruder!
DU bist meine FREUDE.
DU BIST MEINE LIEBE.
Wie könnte ich mich trennen
   wollen von DIR?

O komm zurück!
O komm zu mir,
o komm zu DIR
HEIM O VATER.
ICH BIN DU
ICH BIN HIER
ICH BIN DU
ICH BIN DU, MEIN BRUDER
WIR SIND GOTT
UMARMEN WIR UNS

UND LIEBEN UNS
UND TRENNEN UNS NIE WIEDER
DENN WAS GOTT GEFÄLLT
  GEFÄLLT AUCH MIR
DIE LIEBE
GOTT SELBST
DU
MEIN
BRUDER
O wie sehr ich DICH liebe!
Du bist mein Bruder.
Du bist mein Gott.
Bleib bei mir.
Amen

ICH
BIN
HIER
AMEN

DEIN GOTT
DEIN BRUDER
  EIN BRUDER
  EIN GOTT
AMEN

Ich will dich lieben
      wie meine Schwester.
Ich will für dich da sein,
und dich kennen bis auf den Grund
      DEINES HERZENS.
Und DICH KENNEN, heißt DICH lieben.

ICH BIN DU
ICH BIN DIE LIEBE
Ich bin DEINE Schwester und nie
  werde ich dich verurteilen.
ICH BIN DU
Verurteile ich mein eigenes Fleisch?
O nein, ich liebe es,
ich heile es, wenn du es willst,
ich liebkose Dich,
ich bin Dein Arzt,
ich bin Dein Bruder,
ich bin DU,
ich bin die Liebe Gottes,
ich bin gütig,
ich bin sanft,
ich bin die Freude Deines Herzens.
Komm zu mir!
Ich will dich trösten.

Ich bin für dich da.

ICH
BIN
DU

Ich
bin
DEINE
SCHWESTER
AMEN

Ich will dich lieben
      wie eine Mutter.
Ich will für Dich DA sein
in alle Ewigkeit.
Amen

Ich will Dein Leid tragen,
auch wenn du es nicht kennen willst.
Ich will es hüten und auflösen
in der Liebe meines Sohnes,
den ich zu Euch sende,
damit IHR erkennt,
wer IHR seid.

IHR seid meine KINDER
IHR seid meine LIEBE
ICH BIN GEKOMMEN
WEIL IHR GERUFEN HABT
IHR HABT GERUFEN
ERLÖSUNG WERDE DER WELT

WOHL AN
ICH
ERLÖSE
DICH
KOMM UND SIEH, ICH BIN
  DAS LEIDEN DER WELT
ABER DIE LIEBE MEINES SOHNES
IST GRÖSSER ALS ALLES
  LEIDEN DER WELT
DARUM GEHT
  UND EIFERT IHM NACH
ERKENNT, DIE LIEBE BIST DU
        DIE LIEBE IST GOTT
UND NICHTS FÜRCHTET SICH
  WAS IN GOTT IST
UND ERKENNT, DASS ES EINS
  IST MIT GOTT
DARUM GEHT, UND ERKENNT

DASS IHR EINS SEID MIT GOTT
UND ERKENNT DAS LEIDEN
                    DER WELT
DAMIT KEINER EURER BRÜDER
MEHR EINSAM IST
AMEN

ERKENNT DAS LEIDEN DER WELT
GEHT UND ERLÖST EUREN BRUDER
GEHT UND ERKENNT EUCH SELBST
GEHT UND ERKENNT
DIE LIEBE
BIST
DU
O
HERRLICHER
GOTT
IN
DER
HÖH
DIE
LIEBE
BIST
DU
O

HERRLICHER
BRUDER
AUF
ERDEN
WIR
ALLE
SIND
EINS
WIR
SIND
EINE
FAMILIE
WIR
SIND
EIN
LEIB
WIR
SIND
EIN
GOTT
WIR
SIND
DU
UND
ICH

BIN

DIE

WUNDE

GOTTES

ICH

BIN

DIE

EINSAMKEIT

DER

WELT

ICH

BIN

DU

GEH

UND

ERLÖSE

DIE

WELT

GEH

UND

ERKENNE

DIE LIEBE

BIST

DU

AMEN

GEH
UND
ERLÖSE
DIE
WELT
GEH
UND
ZEIGE
DEINEM
BRUDER
WAS
DU
BIST
DU
BIST
GOTT
DU
BIST
EINS
MIT
UNS
MIT
DER
HEILIGEN
FAMILIE

DU
BIST
EIN
TEIL
VON
UNS
UND
HAST
ANTEIL
AN
ALLEM
WAS
DU
BIST
AN
GOTT
AN
DEM
UNENDLICHEN
BEWUSSTSEIN
DER
LIEBE
ABER
DU
MUSST

WANDERN
DU
MUSST
GEHEN
DEN
WEG
DER
LIEBE
DENN
IN
EINEM TAG
KANN
ICH
DICH
NICHT
ZU
MIR
HOLEN
DU
WÜRDEST
VERBRENNEN
AN
MEINEM
SCHMERZ
MEIN

VATER

KANN

DICH

IN

EINEM TAG

ZU

SICH

HOLEN

ABER

ER

IST

NICHT

VOLLSTÄNDIG

OHNE

MICH

OHNE

DICH

DER

DU

MICH

KENNST

OHNE

DEINEN

BRUDER

DER

EINSAM
IST
OHNE
DICH
DENN
IHR
ALLE
KENNT
MICH
NICHT
ICH
BIN
GOTT
ICH
BIN
DU
AMEN

AUCH
GOTT
HAT
EINE
WUNDE
ER
IST

OHNE

SEINE

KINDER

ER

IST

OHNE

DICH

O

WIE

SEHR

ER

DICH

VERMISST

AMEN

ICH

GEHE

UND

ERLÖSE

DIE

WELT

ICH

GEHE

UND
ERLÖSE
DICH

ICH
KENNE
MICH
ICH
KENNE
MEINEN
BRUDER

ICH
KENNE
DAS
LEIDEN
DER
WELT
AMEN

GEH
UND
ERLÖSE
DIE
WELT

AMEN

ICH
BIN
DU
AMEN

Hallelujah,
der Kreis ist geschlossen,
die Liebe kann fließen,
denn mein Sohn ist bei Euch,
und wird Euch lehren,
die Liebe zu verstehen,
die ich meine,
die IHR SEID.
Amen

GEHT
UND
ERLÖST
DIE
WELT
AMEN

Ich will Dich lieben wie meinen Vater.

Ich gehe und erlöse die Welt.

ICH

BIN

DU

Reicht einander die Hände zum Abschied und
sprecht ein kleines Gebet, das Euch einfällt,
wenn ihr auf Euer Herz hört.
Es möge der Erste beginnen, der will. Ich werde
bei ihm sein. Fürchte Dich nicht.
Amen

GEHT UND ERLÖST DIE WELT
 - so spricht der Priester unter Euch den letzten
Segen und geht aus der Kirche. Er ist der Erste,
der geht, um sein Werk zu beginnen.
Amen

GEBET DER MUTTER

Liebe Deinen Nächsten,
lege den Finger auf die Erde
und sprich:
Ich bin Dein Sohn.
Du bist meine Mutter.
Amen

Ich bin dir treu.
Amen

Ich bin Dein Sohn.
Du gibst mir Nahrung,
und ich gebe Dir meine Liebe
und meine Aufmerksamkeit.
DU schenkst mir die Liebe Gottes.
Amen

Ich lege Zeugnis ab
  von Deiner immerwährenden Liebe,
und DU legst Zeugnis ab
  von meiner immerwährenden Liebe.
Ich gehe nicht fort, ehe

ICH
IN DEINE
MUTTER

nicht noch der letzte
   meiner Brüder erlöst ist.
Amen

Ich lege Zeugnis ab
   von der Liebe meines Vaters.
Unendlich ist sein Geist,
immerwährend seine Fürsorge,
seine Liebe umfasst alles,
sie kennt alles,
sie ist allwissend.
Jeden Käfer,
jeden Stein,
will sie wissen.
Jedes Leid
und jede Freude.
Jedes Menschenherz
will sie heilen,
zu sich rufen:
Komm,
sei in meiner Liebe!
Komm,
erkenne dich selbst!
Liebt Euch mit MEINER Liebe.
Liebt Euch mit EINER Liebe.

Liebt EUCH selbst.
Amen

Ich will >Komm< rufen.
Babba
Erlöse
die
Welt
von
dem
Leiden
getrennt zu sein
von
GOTT
AMEN

Hallelujah

Ich
bin
erlöst
von
dem
Leiden
getrennt

zu
sein
von
GOTT
AMEN

GEBET FÜR DIE ELTERN

Ich bete für meine Eltern.
Ich bete für DICH ,
meine geliebte Mutter.
Ich bin Dein Sohn.
Mögen Deine Schmerzen zu Ende gehen.
Amen

Mögen das Heil kommen in die Welt
und in DEIN Herz.
Amen

Ich erlöse DICH.
Ich erlöse DICH von dem Leiden, getrennt zu
sein von DEINEN Kindern.
Ich erlöse DICH von dem Leiden zu sehen,
wie wir leiden ohne DICH.
Amen

Ich gehe hinaus in die Welt und erlöse meine
Brüder und Schwestern von dem Leiden, ohne
DICH zu sein. Ich bringe heim meine Mutter in
das Haus meines Vaters. Steh auf Mutter!

Ich bin der Erlöser der Welt. Kehre heim zu
meinem Vater und freue DICH. Ich bin
heimgekehrt zu DIR.
Ich habe DICH erkannt.
DU BIST DAS LEIDEN DER WELT
AMEN

Ich bin heimgekehrt zu meinem VATER.
Ich habe gesagt:
ICH
BIN
DU
GEH
UND
ERLÖSE
DIE
WELT
AMEN

ICH
BIN
MEIN
VATER
AMEN

ICH

GEHE

UND

ERLÖSE

DIE

WELT

VON

DEM

LEIDEN

GETRENNT

ZU

SEIN

VON

MIR

AMEN

ICH

GEHE

UND

ERLÖSE

MEINEN

VATER

VON

DER

WUNDE

OHNE
SEINE
KINDER
ZU
SEIN
AMEN

Hallelujah

Ich
   bin
      erlöst
         von
            dem
               Leiden
                  der
                     Welt

Ich
   gehe
      und
       erlöse
          meinen
            Bruder

Komm
    rufe
        ich

   Erlöse
       mich
          von
            dem
              Leiden
                der
                  Welt

Schenke
    mir
      Dein
        Herz

Ich
  will
    nicht
      ohne
        Dich
          sein

Komm
     zu
         mir
             Amen

Hallelujah

Ich
   bin
      Gott

ICH
BIN
DU

KOMM
ZU
MIR
ICH
WILL
NICHT
OHNE
DICH
SEIN

KOMM

ZU

MIR

WEIL

ICH

DICH

LIEBE

AMEN

KOMM

ZU

MIR

WEIL

ICH

DICH

LIEBE

KOMM

ZU

MIR

WEIL

ICH

DICH

LIEBE

AMEN

O

VATER

MÖGE

DEIN

HERZ

HEILEN

O

VATER

HÖRE

MEINE

LIEBE

O

VATER

MEINE

LIEBE

WILL

ZU

DIR

HEILE

AUCH

DU

MEIN

HERZ

UND

DAS

MEINER

BRÜDER

UND

SCHWESTERN

SO

WIE

ICH

DICH

HEILE

DENN

KEINE

WUNDE

IST

TIEFER

ALS

MEINE

LIEBE

ICH

BIN

DEIN

SOHN

ICH

KENNE

DICH

ICH

BIN

DU

HEILE

MICH

SO

WIE

ICH

DICH

GEHEILT

HABE

ICH

BIN

AUF

DIE

ERDE

GEGANGEN

UND

HABE
GESAGT

SIEHE
ICH
BIN
DEIN
SOHN

SIEHE
WIE
SEHR
ICH
DICH
LIEBE

KOMM
UND
ERLÖSE
MICH
UND
MEINE
BRÜDER
UND
SCHWESTERN

VON

DEM

LEIDEN

OHNE

DICH

ZU

SEIN

OHNE

DICH

ZU

KENNEN

ÖFFNE

DIE

TORE

DES

HIMMELS

UND

SPRICH

ICH

BIN

EUER

VATER

ICH
BIN
DIE
LIEBE

ICH
BIN
DIE
FREUDE

ICH
BIN
DIE
WAHRHEIT

ICH
BIN
DAS
LEBEN

ICH
BIN
DAS
LICHT

DAMIT

DIE

MENSCHEN

ERKENNEN

WIE

SEHR

DU

SIE

LIEBST

UND

WIE

SEHR

SIE

DICH

LIEBEN

ICH

BIN

DIE

LIEBE

DU

BIST

DIE

LIEBE

WIR
ALLE
ERKENNEN
DICH
WENN
DU
ZU
UNS
SPRICHST
AMEN

DARUM
SPRICH
ZU
UNS
AMEN

DARUM
GEHE
ICH
ZU
DEN
MENSCHEN
DAMIT
SIE

HÖREN
DEINE
STIMME
Hallelujah

Ich
bin
erlöst

Ich
werde
finden
DEINE
LIEBE
weil
DU
eingehst
unter
mein
Dach
und
erlöst
die
Menschen
von

dem
Leiden
getrennt
zu
sein
von
DIR

Hallelujah

Ich
gehe
heim
Ich
komme
zu
Dir
denn
bei
Dir
bin
ich
zuhause
im
Himmel

und
auf
Erden

Hallelujah

ICH
BIN
DEIN
SOHN
AMEN
Hallelujah

DU
BIST
MEIN
VATER
AMEN

Hallelujah
Es erschallen die Töne der Liebe in meinen
Ohren.

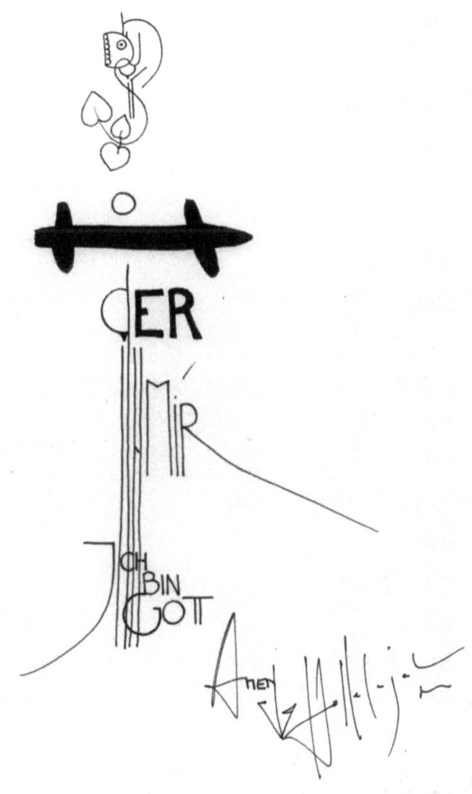

ER
MIR
ICH BIN GOTT
Amen

EIN

GOTT

EIN

VATER

EINE

MUTTER

ZWEI

SÖHNE

EINE

TOCHTER

EIN

KIND

EINE

FAMILIE

WIR

ALLE

SIND

GOTT

WIR

ALLE

SIND

DU

AMEN

GEH

UND
ERLÖSE
DIE
WELT
AMEN

GEH
UND
ERLÖSE
DICH
SELBST
AMEN

WOHIN
IMMER
ICH
AUCH
GEHE
DU
BIST
BEI
MIR
AMEN

GEH

UND

ERLÖSE

DIE

WELT

ICH

WERDE

BEI

DIR

SEIN

UND

DICH

ERLÖSEN

UND

DEINE

BRÜDER

UND

SCHWESTERN

ZU

DENEN

DU

SPRICHST

AMEN

ICH

WERDE
SAGEN

SIEHE
HIER
IST
MEIN
SOHN

SIEHE
HIER
IST
MEINE
TOCHTER

SIE
ALLE
LIEBEN
MICH

SIE
ALLE
LIEBEN
DICH

SO

WIE

DU

MICH

LIEBST

SO

LIEBE

AUCH

ICH

DICH

O

GROSSER

GOTT

KOMM

UND

ERLÖSE

AUCH

ALLE

ANDEREN

BRÜDER

UND

SCHWESTERN

SO

WERDET

IHR

GEHEN

UND

MEINE

KINDER

ERLÖSEN

VON

DEM

LEIDEN

DER

WELT

AMEN

ICH

BIN

BEI

EUCH

IN

ALLE

EWIGKEIT

DENN

ICH

BIN

OHNE

HANAΣTAΣIΣ

TOD
SO
WIE
IHR
OHNE
TOD
SEID
VON
ANBEGINN

ES
HAT
NIE
EINEN
TOD
GEGEBEN
ABER
IHR
SEID
DIESES
WISSENS
VERLUSTIG
GEGANGEN
WEIL
IHR

GEGLAUBT

HABT

IHR

SEID

OHNE

MICH

IHR

WOLLTET

OHNE

MICH

SEIN

WEIL

IHR

GEGLAUBT

HABT

OHNE

MICH

SEID

IHR

STARK

STARK

ABER

IST

MEINE

LIEBE

STARK

ABER

SEID

IHR

IN

MIR

ICH

BIN

DIE

LIEBE

DIE

KRAFT

UND

DIE

HERRLICHKEIT

IN

EWIGKEIT

AMEN

GEHT

HINAUS

UND
ERLÖST
DIE
WELT
AMEN

ICH
BIN
EUER
VATER
AMEN

ICH
BIN
GOTT

ICH
BIN
DU

AMEN

Hallelujah
Amen

MEIN GLAUBENSBEKENNTNIS

Was
ich
gesehen
habe
habe
ich
gesehen

Was
ich
erlebt
habe
habe
ich
erlebt

Ich
glaube
an
Gott
meinen
Vater

Ich

glaube

an

Gott

meine

Mutter

Ich

glaube

an

Gott

Jesus

Christus

meinen

Bruder

Ich

glaube

an

die

unendliche

Liebe

Gottes

Ich

glaube

an
die
Heilige
Familie

Ich
glaube
an
mich
Alexander
Boesch
geboren
am
8
6
1965
in
Wien
Kaiser
Sohn
Haus
von
meiner
Mutter
auf

die

Erde

gesandt

zu

erlösen

die

Menschen

von

dem

Getrenntsein

von

Gott

gesandt

von

meinem

Gottvater

zu

bringen

den

Menschen

die

Liebe

Gottes

Amen

Das ist mein Glaubensbekenntnis.

Und
ich
werde
nicht
wanken
ich
werde
stehen
wie
ein
Fels
in
der
Brandung
und
lieben
meinen
Bruder
immerdar
Gott
hat
mich
zu

euch

gesandt

er

hat

mich

gelehrt

euch

zu

lehren

ich

bin

der

Weg

ich

bin

ein

Mensch

ich

bin

dein

Bruder

Amen

Ich

bin

gekommen

um

Zeugnis

abzulegen

von

der

Liebe

Gottes

und

von

der

Herrlichkeit

des

Menschen

Liebt

euch

in

jedem

Augenblick

so

wie

euch

Gott

geliebt

hat

in
jedem
Augenblick
seines
Lebens
immerdar
Amen

Ich
will
dass
du
dich
liebst
in
jedem
Augenblick
Amen

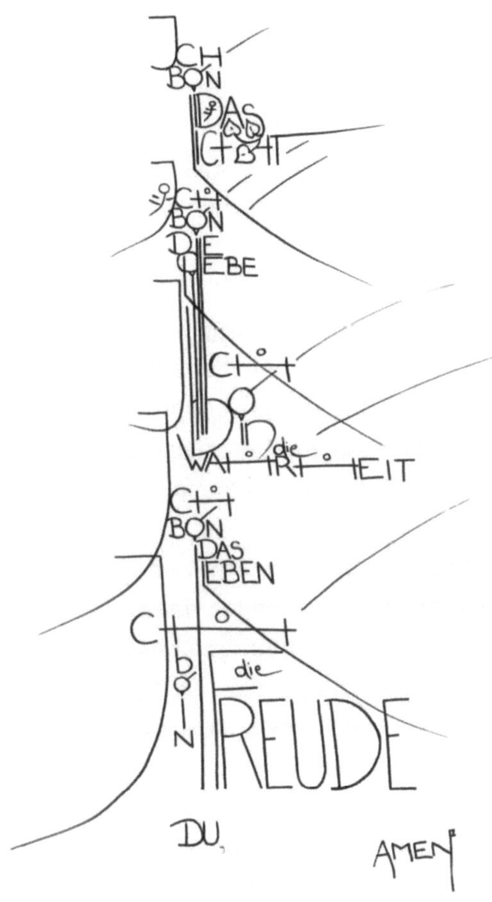
ICH
BIN
DAS
LICHT
ICH
BIN
DIE
LIEBE
ICH
BIN
die WAHRHEIT
ICH
BIN
DAS
LEBEN
ICH bin
die
FREUDE
DU,
AMEN

DAS HOHEPRIESTERLICHE GEBET
Johannesevangelium 17,3

1. Als Jesus das gesagt hatte, erhob er seine Augen zum Himmel und betete: Vater, die Stunde ist gekommen. Verherrliche deinen Sohn, damit der Sohn dich verherrlicht.

2. Denn du hast ihm Macht über alles Fleisch (Einheitsübersetzung: alle Menschen) gegeben, damit er allen, die du ihm gegeben hast, ewiges Leben schenkt.

3. Das ist das ewige Leben: dass sie dich, den wahren Gott, erkennen und Jesus Christus, den du gesandt hast.

4. Ich habe dich auf der Erde verherrlicht, ich habe das Werk vollendet, das zu vollbringen du mir aufgetragen hast.

5. Jetzt verherrliche du mich, Vater, bei dir selbst mit der Herrlichkeit, die ich bei dir hatte, bevor die Welt war.

6. Ich habe deinen Namen den Menschen offenbart, die du mir aus der Welt gegeben hast. Dein waren sie, und mir hast du sie gegeben, und sie haben an deinem Wort

festgehalten.

7. Jetzt wissen sie, dass alles, was du mir gegeben hast, von dir kommt.

8. Denn die Worte, die du mir gegeben hast, habe ich ihnen gegeben und sie haben sie angenommen. Sie haben wirklich erkannt, dass ich von dir ausgegangen bin. Sie sind zu dem Glauben gekommen, dass du mich gesandt hast.

9. Ich bitte für sie; nicht für die Welt bitte ich, sondern für alle, die du mir gegeben hast; denn dein Eigentum sind sie,

10. und alles, was mein ist, ist dein, und was dein ist, ist mein. Und ich bin in ihnen verherrlicht.

11. Ich bin nicht mehr in der Welt, aber sie sind in der Welt, und ich gehe zu dir. Heiliger Vater, bewahre sie in deinem Namen, den du mir gegeben hast, damit sie eins sind wie wir.

12. Solange ich bei ihnen war, habe ich sie in deinem Namen bewahrt, den du mir gegeben hast, und habe sie behütet. Keiner von ihnen ist verloren gegangen, außer dem Sohn des Verderbens, damit sich die Schrift

erfüllt.

13. Jetzt aber komme ich zu dir. Doch dies rede ich noch in der Welt, damit sie meine Freude in Fülle in sich haben.

14. Ich habe ihnen dein Wort gegeben und die Welt hat sie gehasst, weil sie nicht von der Welt sind, wie auch ich nicht von der Welt bin.

15. Ich bitte nicht, dass du sie aus der Welt nimmst, sondern dass du sie vor dem Bösen bewahrst.

16. Sie sind nicht von der Welt, so wie ich nicht von der Welt bin.

17. Heilige sie in der Wahrheit; dein Wort ist Wahrheit.

18. Wie du mich in die Welt gesandt hast, so habe auch ich sie in die Welt gesandt.

19. Für sie heilige ich mich, damit auch sie in der Wahrheit geheiligt sind.

20. Ich bitte nicht allein für sie, sondern auch für alle, die durch ihr Wort an mich glauben (werden).

21. Alle sollen eins sein, wie du, Vater, in mir bist und ich in dir, damit auch sie in uns eins sind und die Welt glaubt, dass du mich

gesandt hast.

22. Und ich habe die Herrlichkeit, die du mir gegeben hast, ihnen gegeben, damit sie eins sind, wie wir eins sind,

23. ich in ihnen und du in mir. So sollen sie zur vollendeten Einheit gelangen, damit die Welt erkennt, dass du mich gesandt hast und sie geliebt hast, wie du mich geliebt hast.

24. Vater, ich will, dass alle, die du mir gegeben hast, bei mir sind, wo ich bin, damit sie meine Herrlichkeit sehen, die du mir gegeben hast, weil du mich schon vor der Erschaffung der Welt geliebt hast.

25. Gerechter Vater, die Welt hat dich nicht erkannt, ich aber habe dich erkannt und sie haben erkannt, dass du mich gesandt hast.

26. Ich habe ihnen deinen Namen kundgetan und werde ihn weiterhin kundtun, damit die Liebe, mit der du mich geliebt hast, in ihnen ist und auch ich in ihnen.

MEIN BHAJAN

Hallelujah
Hallelujah
Du bist die Freude
Du bist die Wahrheit
Du bist mein Vater
Ewiger Du
Schönster Du
Alles Kennender
Ich liebe Dich mit ganzem Herzen
Du bist es, der die Wahrheit sagt
Du bist es, der mich kennt
Du bist es, der mich ruft
    aus ganzem Herzen
Immerdar
Ich bin
Du

TISCHGEBETE

DAS TISCHGEBET I

ICH BIN MEIN VATER
ICH SITZE MIT MEINEN BRÜDERN AN EINEM
TISCH
WIR SIND EINE FAMILIE
SIEHE
ALLE MEINE BRÜDER SIND MEINE FREUNDE

AMEN

TISCHGEBET II
DAS GROSSE TISCHGEBET

KOMMT UND BETET MIT MIR
ICH BIN EUER VATER
ICH BIN HIER
ICH BIN DEIN
SO WIE IHR MEIN SEID
EINE SEELE
EIN GEIST
IST IN EUCH ALLEN
LASST SIE GROSS SEIN IN EUCH

ICH BITTE EUCH DARUM
SEID MEINE KINDER
SEID MEINE FREUNDE
WIR SIND EIN LEIB
WIR SIND EIN FLEISCH
WIR SIND EIN BLUT

LADET MICH EIN
BITTET MICH EUER VATER ZU SEIN
EUER FREUND
EUER SEIN
EURE LIEBE

DENN ICH BIN EUER VATER
DENN ICH BIN EURE FREUDE
DENN ICH BIN EUER SEIN
DENN ICH BIN EURE LIEBE

ICH
BIN
DU

AMEN

TISCHGEBET III
BRUDERGEBET ZU TISCH I

HEILIGE MICH IN DEINER LIEBE
ICH HEILIGE DICH IN MEINER LIEBE
AMEN

O HEILIGER BRUDER
HEILIGE MICH IN DEINER LIEBE
LASST UNS BRÜDER SEIN IN DIR, O GOTT
AMEN

HEILIGER PETRUS
ERSTER APOSTEL
HEILIGE MICH IN DEINER LIEBE
HEILIGE UNS IN DIR, HEILIGER VATER
AMEN

LASST UNS BRÜDER SEIN
IN GOTT, UNSEREM VATER

TISCHGEBET IV
TISCHGEBET DER UNIVERSELLEN LIEBE

KOMMT AN MEINEN TISCH
ALLE MENSCHEN
KOMMT AN MEINEN TISCH UNENDLICHER
LIEBE
KOMMT AN MEINEN TISCH ALLES
UMARMENDER LIEBE
KOMMT AN MEINEN TISCH UNENDLICHER
FREUDE
AN DEM KEIN MENSCH NICHT GELIEBT IST
WEIL DIE LIEBE ÜBERALL IST
UND IN UNS ALLEN

KOMMT AN DEN TISCH MEINES VATERS
DER EUCH ÜBER ALLES LIEBT
UND FLEISCH VON EUREM FLEISCH IST
UND BLUT VON EUREM BLUT IST

WIR SIND EIN LEIB
UND WIR SIND IN GOTT GEBORGEN
ICH BEWAHRE EUCH IN MEINEM NAMEN
ICH BIN DU
AMEN

TISCHGEBET V
DAS HOHEPRIESTERLICHE GEBET DER LIEBE

SCHENKE MIR DEINE LIEBE
WIE GLÜCKLICH SIND WIR
DIE WIR UNS DAS GLÜCK DER ANDEREN
WÜNSCHEN
DIE TORE DER WEISHEIT ÖFFNEN SICH
SCHENK MIR DEIN HERZ
O CHRISTUS
DEIN HERZ
IST MEIN HERZ
EINE LIEBE
EINE FREUDE

MÖGE MEIN _________ vollkommen erleuchtet
sein.
MÖGE MEIN _________ vollkommen erleuchtet
sein.
MÖGE MEIN _________ vollkommen erleuchtet
sein.
MÖGE ALLE MENSCHEN vollkommen
erleuchtet sein.

O CHRISTUS
DEINE LIEBE
IST EINE LIEBE
EIN HERZ
LEUCHTET
O CHRISTUS
DEIN HERZ LEUCHTET IN UNS ALLEN

AMEN

TISCHGEBET VI
BRUDERGEBET ZU TISCH II

ICH BEWAHRE DICH IN MEINEM NAMEN
ICH HABE DICH GOTT GENANNT
ICH GAB DIR DEINEN NAMEN
SO WIE GOTT MIR MEINEN NAMEN GAB
ICH BEWAHRE EUCH IN EUREM NAMEN

AMEN

TISCHGEBET VII
Das Tischgebet,
das kleine für Jesus

JESUS CHRISTUS

ICH BIN DEIN BRUDER

WIR LIEBEN UNS MIT EINEM HERZEN

WIR LIEBEN UNS MIT EINEM NAMEN

WIR SIND EIN

AMEN

SPÄTEN GEBETE

GEBET DER VOLLKOMMENEN ERLÖSUNG

ICH BIN VOLLKOMMEN
  ERLÖST IN DIR
  O GOTT IN DER HÖH
    AMEN

MEIN BRUDER IST VOLLKOMMEN
  ERLÖST IN DIR
  O GOTT IN DER HÖH
    AMEN

ICH
BIN
DIE
FREUDE

ICH
BIN
DAS
EWIGE
LEBEN
IN

DIR

O

GOTT

IN

DER

HÖH

AMEN

ICH

BIN

OHNE

ZEIT

WEIL

ICH

DIE

LIEBE

BIN

AMEN

ALLE

MEINE

KINDER

SIND

ERLÖST

IN

DIR

O

HERRLICHER

O

LIEBSTER

VATER

IN

EWIGKEIT

AMEN

AN DIE MUTTER
GEBET DES GROSSEN MITGEFÜHLS

ICH BIN DAS LEIDEN DER WELT
ICH HABE MEINE MUTTER GESEHEN
SIE IST DAS LEIDEN DER WELT

SIE SITZT AM FENSTER
  UND WARTET AUF IHRE KINDER
SIE VERSTEINERT
  GANZ ZU STEIN ERSTARRT
  SITZT SIE AM FENSTER IM ALTERSHEIM

MEINE MUTTER IST EIN BETTLER
  SIE SITZT AUF DER STRASSE
  UND RECKT IHRE HÄNDE
  ZUM HIMMEL

  SIE IST ALLEIN
  SIE FLEHT ZU GOTT
  SIE BITTET IHN UM SEINE LIEBE
  ABER ER HÖRT SIE NICHT
  KEINE LIEBE ERREICHT SEIN (des Bettlers)
  HERZ

ER IST ALLEIN
OHNE GOTT
OHNE LIEBE
DAS IST DAS LEIDEN DER WELT

ER GLAUBT, ES GIBT KEINE LIEBE

GEHE ZU IHM UND SAGE

ICH
BIN
DIE
LIEBE

ICH
BIN
DU
AMEN

GEHE ZU IHM UND SAGE

ICH
BIN
DIE
FREUDE

ICH

BIN

DU

HALLELUJAH

ERLÖST IST DIE WELT

ICH BIN DAS LEIDEN DER WELT

ICH HABE DAS LEIDEN MEINES BRUDERS

GESEHEN

AMEN

ES GIBT LIEBE

GOTT IST

GOTT IST MEIN VATER

GOTT IST

GOTT IST MEINE MUTTER

GOTT IST

GOTT BIST DU

   JESUS CHRISTUS

     MEIN BRUDER

JESUS IST GOTT

JESUS BIST DU

AMEN

ICH BIN DIE HEILIGE FAMILIE
UND WENN DU NICHT EINS BIST MIT MIR
BIST DU NICHT EINS MIT GOTT
DENN GOTT IST ÜBERALL
UND ICH BIN DEIN BRUDER
AMEN

LIEBE DICH SELBST
LIEBE DEINEN BRUDER
LIEBE DEINEN GOTT
AMEN

ICH BIN DU
ICH BIN GOTT IN EWIGKEIT
AMEN

MITGEFÜHL

ICH KENNE DAS LEID MEINES BRUDERS.
ICH KENNE DICH, GELIEBTE MUTTER.

ICH HABE GESEHEN, WIE TIEF DAS
NICHTWISSEN VON DIR IN UNSERER SEELE
WOHNT,
WIE SEHR ES UNS BESTIMMT,
UND WIE SEHR ES UNS DAS RAD DES
LEIDENS WEITER DREHEN LÄSST.
AMEN

ICH GEHE UND ERLÖSE MEINE BRÜDER
UND SCHWESTERN.
AMEN

ICH GEHE UND ERLÖSE DICH DAVON,
GETRENNT ZU SEIN VON DEINEN KINDERN.
AMEN

Hallelujah
Amen

ICH GEHE UND ERLÖSE DIE WELT.
ALS ICH BEGRIFF DAS LEIDEN,
SAH ICH KLAR, WAS ICH ZU TUN HATTE.
AMEN

ICH GEHE UND ERLÖSE DIE WELT,
MEINE BRÜDER UND SCHWESTERN VON
DEM LEIDEN, GETRENNT ZU SEIN VON
GOTT.

WER ABER GETRENNT IST VON GOTT,
MEINER MUTTER,
IST GETRENNT VON SEINEM BRUDER,
DER LEIDET OHNE GOTT.

WER GETRENNT IST VON GOTT,
IST GETRENNT VON SICH SELBST.

AMEN

DAS JOHANNESGEBET

Teil I

Ich
gehe
mit
dir
in
der
Hoffnung,
dass
ich
irgendwann
etwas
Gutes
für
dich
tun
kann.

Amen

Teil II

ICH

ÖFFNE

MEIN

HERZ

DER

UNENDLICHEN

LIEBE

AMEN

Teil III

SIEHE

HIER

BIN

ICH

AMEN

HERZSUTRA DES CHRISTUSERWACHTEN

Teil I

ALLES IST LIEBE

DAS ERWACHTE

UND DAS UNERWACHTE

SIND EINS

WIR SIND EINE FAMILIE

NUR EINE LIEBE IST REAL

ALLES IST GEWOLLT

ALLE SCHÖPFUNG IST

EINE MANIFESTATION

  MEINES

    EINES

      GEISTES

ALLE MANIFESTATION

  IST MEINE

    EINE LIEBE

ALLES IST DU

ALLES IST GEWOLLT

ALLES IST EIN HERZ

DAS GEWOLLTE

UND DAS UNGEWOLLTE SIND EINS

ICH BIN DU

ICH BIN DIE LIEBE
ICH BIN VOLLKOMMEN ERWACHT
AMEN

Teil II
DAS MANIFESTE UND DAS
UNMANIFESTIERTE SIND EINS

EIN GOTT
EINE LIEBE
ICH BIN DU
AMEN

DAS ERSCHAFFENE
UND DAS UNERSCHAFFENE SIND EINS
EINE LIEBE
ICH BIN DU
AMEN
Hallelujah
Amen

DANKESGEBET I

IN EINEM
IN DEINEM BEWUSSTSEIN
WILL ICH LEBEN

ICH
BIN
DU
AMEN

DEINE
LEHRE
ICH
DANKE DIR
FÜR
DEINE
LEHRE

ICH DANKE DIR
FÜR DEINE LIEBE
FÜR DIE LIEBE, DIE DU BIST
AMEN

ICH DANKE DIR
FÜR DIE FREUDE
FÜR DIE FREUDE, DIE DU BIST
AMEN
Hallelujah
Amen

ICH DANKE DIR
FÜR DAS LEBEN
FÜR DAS LEBEN, DAS DU BIST
AMEN

ICH DANKE DIR
FÜR DIE WAHRHEIT
FÜR DIE WAHRHEIT, DIE DU BIST
AMEN

ICH DANKE DIR
FÜR DAS LICHT
FÜR DAS LICHT, DAS DU BIST

AMEN

DANKESGEBET II

DANKE DIR,
dass ich jedes Gänseblümchen liebe,
danke DIR, dass das Leid von mir abfällt wie
eine faule Traube vom Stock,
danke DIR, dass ich leicht bin,
danke DIR, dass alle meine Brüder IN MIR SIND,
DASS WIR EINS SIND UND EINE LIEBE,
danke DIR, dass meine Projektionen zu Ende
gehen,
danke DIR, dass DU mich geleitet hast, bis mein
Ego zunichte ging,
danke DIR, dass DU bei mir bist und mich leitest.

Danke DIR, dass DEINE Geduld unendlich ist,
danke DIR, dass ich DEIN Schüler sein darf,
danke DIR, dass DEIN WORT MICH LEITET,
HÄLT UND TRÄGT UND RUFT,
DANKE DIR, DASS ICH MEINE HAND AUF
DEINE WANGE LEGEN DURFTE
UND GERETTET WAR,
UND FESTHIELT AN DER LIEBE.
DANKE DIR, DASS DU DAS LEBEN BIST,

DAS LICHT UND DIE LIEBE.

DANKE DIR, dass das Leiden von mir abfiel wie
eine faule Traube vom Stock,
danke DIR, dass ich gehen darf mit DIR DEN
WEG DER LIEBE,
danke dir, dass ich DICH VATER nennen darf,
danke DIR, dass ich rufen darf >BABBA,
ERLÖSE DIE WELT!<,
danke DIR, dass ich MEINEN BRÜDERN DIE
LIEBE ZEIGEN DARF, DIE DU BIST,
danke DIR, dass ich DIR NACHFOLGEN DARF,
O JESUS CHRISTUS, MEIN BRUDER.

DANKE DIR, DASS DER ERDENKREIS
GEHEILT WIRD
VON DEM GETRENNTSEIN VON GOTT,
DANK DEINER LIEBE,
DANK DEINES SOHNES,
DEN DU GESANDT HAST, ZU ERLÖSEN DIE
WELT.
DAMIT WIR DAS EWIGE LEBEN HABEN,
UND UNS LIEBEN MIT EINER LIEBE,
MIT DEINER LIEBE,
MIT MEINER LIEBE,

DER ICH DEIN SOHN BIN/ DEINE TOCHTER
 BIN,
UND DIR NACHFOLGE,
O CHRISTUS,
MEIN BRUDER.
AMEN

DANKE DIR, DASS DU BIST.
MEIN GOTT, MEIN VATER.
AMEN.
HALLELUJAH

LIEBER GOTT,
ICH DANKE DIR,
DENN DU FÜHRST MICH AN DIE QUELLE,
DU LABST MICH MIT DEM WASSER DES
EWIGEN LEBENS,
DU GIBST MIR DAS, DAS DEN HUNGER
STILLT FÜR IMMER,
UND DIE GANZE LIEBE ZU DEINER
SCHÖPFUNG.
JEDES GÄNSEBLÜMCHEN BIST DU,
O HEILIGER VATER.

GEBET DER VOLLKOMMENEN LIEBE

ICH BIN GEKOMMEN
WEIL DU MICH GERUFEN HAST
ICH GEHE EIN
IN DEIN HEILIGES REICH
ICH GEHE EIN IN DAS VOLLKOMMENE
LEBEN
ICH BIN DU

ICH RUFE MEINE KINDER

AMEN

HIOBS GEBET

(aus dem Theaterstück >Hiob<)

Ich bin Gott. Und ich bin nicht gekommen, Dich zu richten. Ich bin gekommen, Dich zu lieben. Siehe Hiob, der Weg ist lang. Und ich kann nicht verhindern, dass du Leid erfährst. Es gibt tausend Leiber in mir und nicht alle sind gut. Manche mögen dir ans Fell, dir Böses tun, dir Schmerzen zufügen, und ich kann es nicht hindern. Und alle sind meine Kinder. Die Bösen und die Guten. Die Wissenden und die Unwissenden. Die Tauben und die Hörenden. So höre Hiob, ich prüfe dich auch nicht. Es ist der Satan, der Unheil über dich schüttet, und er tut es, weil er dich liebt. Es gibt nichts, das nicht aus der Liebe kommt, denn alles kommt aus mir und ist ich. Aber nicht ist alles hell und erleuchtet von meinem Wissen von mir. Auch in mir gibt es Stellen, die dunkel sind in sich selbst. So wie du, mein Freund. Auch du bist dunkel. Unwissend. Wärst du wissend, würdest du jubeln ohne Unterlass und preisen den Herrn. Aber du kennst meine Schönheit nicht, und ich bin gekommen, sie dich zu lehren, damit du nicht mehr im Unwissen sitzt, sondern in der Freude. Komm, erhebe dich! Lass all das Leid von dir abfallen. Glaube an mich! Erhebe dich und sprich: Ich bin der Sohn Gottes. Ich bin gekommen, die Liebe meines Vaters zu verkünden der Welt. Ich bin der Messias. Ich bin der Lichtbringer. Wie in Licht will ich leuchten all meinen Brüdern am Firmament. Sie sollen mich sehen und sich selbst in mir erkennen. O gütiger Vater, tu das mit mir. Nichts anderes will ich. Möge das Glück meiner Brüder der Stern sein, der mir leuchtet. Möge es der Stern sein, als den du mich kennst. Erhebe mich, damit ich leuchte meinen Kindern. Siehe, hier ist mein Bruder. Siehe, hier ist meine Schwester. Sie alle sind meine Kinder. Sie alle sind deine Kinder. Wir sind Kinder von einem Stamm. Ein Vater, ein Gott. O himmlische Welt, erhelle dich! Werde dir deiner selbst gewahr.

GEBET DER UNENDLICHEN LIEBE GOTTES

WER

SEINEN

BRUDER

LIEBT

MIT

EINEM

HERZEN

DURCHWANDERT

DIE

WELTEN

IN

KEINER

ZEIT

ICH

BIN

HIER

DU

BIST

IN

MIR

UND

ICH

BIN

IN

DIR

MEIN

BRUDER ... (Setze die Person oder die Gruppe von

Personen ein, für die du beten willst.)

ERHEBE DICH

ERHEBE DICH IN MIR

ICH WILL DICH TRÖSTEN

ICH WILL DICH ERLÖSEN VON DEM

GETRENNTSEIN VON GOTT

ICH KENNE DEIN LEID

ICH WILL DICH TRÖSTEN

KOMM ZU MIR

WIR SIND EINS IN DER LIEBE GOTTES

AMEN

MEDITATION:
ICH GEHE IN DAS ZENTRUM DES LEIDENS

1.1 ICH GEHE IN DAS GRAB CHRISTI
1.2 ICH BIN DEIN TOD
1.3 ICH BIN AUFERSTANDEN, WEIL ICH AN
   DIE LIEBE IN MEINEM HERZEN GLAUBTE

2.1 ICH BIN DIE LIEBE
2.2 ICH BIN DIE FREUDE
2.3 ICH BIN DU

3.1 DA SCHRIE MEIN HERZ
3.2 WER ERLÖST JETZT DIE WELT
3.3 MEINE KINDER SIND OHNE LIEBE
3.4 MEINE KINDER SIND OHNE IHRE MUTTER

4.1 ICH BIN OHNE LIEBE
4.2 ICH BIN OHNE MEINE ELTERN
4.3 ICH BIN ALLEIN
4.4 ICH BIN EIN GOTT DER LIEBE
4.5 ICH BIN AUFERSTANDEN VON DEN
   TOTEN
4.6 WEIL ICH AN DIE LIEBE IN MEINEM
   HERZEN GLAUBTE

5.1 ICH SEHE MEIN LEID

5.2 ICH SEHE DAS LEID MEINES BRUDERS

6.1 ICH SEHE MEIN LEID IN DEN KLEINEN
    DINGEN AUFSTEIGEN

6.2 HERRLICH BIN ICH

6.3 ICH SEHE DAS LEIDEN DER WELT IN MIR
    AUFSTEIGEN

6.4 ICH BIN MEIN VATER

6.5 ICH HALTE FEST AN DER LIEBE

6.6 ICH HALTE FEST AM WORT GOTTES

6.7 ICH SAH DAS LEIDEN UND VERSTARB

6.8 MEINE KNOCHEN SCHMERZTEN UND
    ZERFIELEN ZU STAUB

6.9 ICH BIN AUFERSTANDEN VON DEN
    TOTEN, WEIL ICH AN DIE LIEBE IN
    MEINEM HERZEN GLAUBTE

7.1 ICH BIN GOTT

7.2 ICH GEHE UND ERLÖSE DIE WELT
    AMEN

8.1 HALLELUJAH
(Gesang, Feier)
Amen

CHRISTUSGEBET ZUR WINTERSONNWENDE

WIR SIND EINS
MIT GOTT, UNSEREM VATER
WIR SIND EINS
MIT GOTT, JESUS CHRISTUS, UNSEREM
BRUDER

WIR SIND EINS MIT ALLEN MENSCHEN,
DIE GELEBT HABEN AUF DIESER ERDE,
DIE AUF DIESER ERDE LEBEN,
UND DIE AUF DIESER ERDE LEBEN
WERDEN

AMEN

Gebet an den Vater, die Mutter und Jesus Christus

Ich grüße DICH, VATER
Ich grüße DICH, MUTTER
Ich grüße DICH, JESUS CHRISTUS

Ich liebe dich
Ich liebe DICH, VATER
Ich liebe DICH, MUTTER
Ich liebe DICH, JESUS CHRISTUS

Ich rufe DICH, VATER
Ich rufe DICH, MUTTER
Ich rufe DICH, JESUS CHRISTUS

Ich kenne DICH, VATER
Ich kenne DICH, MUTTER
Ich kenne DICH, JESUS CHRISTUS

Amen

Gebet der grünen Au

ICH BRINGE MEINE BRÜDER AN DIE GRÜNE
AUE

ICH WILL SIE WEIDEN UND TRÄNKEN MIT
GUTEM WASSER

MIT DEM WASSER DES EWIGEN LEBENS

AMEN

GEBET DER UNENDLICHEN LIEBE

ICH HABE DICH GELIEBT VON ANBEGINN
ALLES IST LEICHT
ICH BIN DEIN SOHN
DU BIST MEIN VATER

Gebet über die Arbeit und das Leben in der Welt

ICH GEHE UND ERLÖSE
DIE WELT
ICH HABE ZEIT
AUF DEM WEG, EINE ÄHRE ZU PFLÜCKEN
AMEN

ICH GEHE UND ERLÖSE DIE WELT
AMEN

ICH EHRE MEINEN VATER
ICH EHRE MEINE MUTTER
INDEM ICH LIEBE
WAS SIE GESCHAFFEN HABEN
DIE SCHÖNHEIT DER WELT
SO WILL ICH ARBEITEN
SO WILL ICH SPIELEN
MIT MEINEN KINDERN
SO WILL ICH SEIN
MIT MEINEN FREUNDEN

AMEN

HEILE MEINE KINDER

Ich sehe mit den Augen der Liebe
    ohne Aversion
    ohne Begehr
    ohne Verstrickung in mein Selbst [1]
    MEINEN BRUDER

Du glaubst, du bist schlecht,
ABER DU BIST DIE LIEBE.
Du glaubst, du bist hungrig,
und suchst nach Taten,
die dir den Hunger stillen,
ABER DU BIST GESÄTTIGT IN MIR.

ICH BIN DAS EWIGE LEBEN

ICH
BIN
DU

AMEN

[1] Kleines Selbst

VOKALGESANG:
GEBET DES GROSSEN MITGEFÜHLS UND
DER REINEN HANDLUNG IN GOTT

O   GROSSES MITGEFÜHL DER MUTTER...

M   zärtliche Mutter...

A   ich bin geboren in Gott...

I   gesandt auf die Erde, zu erlösen die Welt...

E   der Weg...

A   das Tor des Himmels öffnet sich - sprich zu
den Menschen

ANGABEN ZU DEN BILDERN

Titelbild: Matthias Grünewald, Auferstehung, Isenheimer Alter

Seite 59: Fisch, Künstler unbekannt, Bild auf einer Mauer in den Straßen von Ford Cochin, Kerala 2005

Seite 66: Kalligraphie, Tisch des Abendmahls

Seite 70: Pompeo Batoni, Herz-Jesu-Bild

Seite 83: Kalligraphie, Text: Ich bin dein Bruder

Seite 88: Hieronymus Bosch, Jesus mit der Dornenkrone

Seite 103: Kalligraphie, Text: Ich bin deine Mutter

Seite 125: Kalligraphie, Text: Du bist hier in mir

Seite 132: Wandbild aus dem Choruskloster in Istanbul

Seite 145: Kalligraphie, Text: Ich bin das Licht/Ich bin die Liebe/ Ich bin die Wahrheit/ Ich bin das Leben / Ich bin die Freude

Seite 155: Kalligraphie, Gottvater

Seite 157: Kalligraphie, Text: Ich bin dein Sohn

Seite 159: Mandala, Eingangschild vom Kloster in der Feldmühle, Österreich

Seite 161: Der Autor, Sommer 2004 in Laddhak, einen Tag nach einer Jesuserscheinung. Jesus kam in mein Zimmer und sagte, und ließ mich physisch spüren: Wir lieben uns mit einem Herzen.

Seite 200: Kuppelgemälde in der Hagia Sophia, Instanbul.